사슴

사슴

노천명 시집

창작시대

"모가지가 길어서 슬픈 짐승이여
언제나 점잖은 편 말이 없구나"
장미처럼 붉게 타는 정열이 있었음에도 고고하게
침묵을 지켰던 품성-노천명의 고독은
향기를 내뿜으며 즐기는 우아한 고독이 아니라,
삶의 시련이 뼛속 깊이 느껴지는
시린 고독이었다.
고독과 향수, 소박하면서도 섬세한 정감의 세계,
사슴을 좋아하고, 오직 시만을 벗하며
짧은 생을 고적하게 살다간 시인의
오월의 푸르름처럼 빛나는
시혼(詩魂)을 읽는다.

노천명 시집 ‖ 사슴

사슴 - 11
자화상 - 12
슬픈 그림 - 14
사월의 노래 - 15
만가 - 16
가을의 구도 - 17
바다에의 향수 - 18
돌아오는 길 - 19
교정 - 20
고독 - 22
포구의 밤 - 23
구름같이 - 24
동경 - 25
맥진 - 26
말 않고 그저 가려오 - 27
소녀 - 29
박쥐 - 30
호외 - 31
귀뚜라미 - 32
장날 - 33
성묘 - 34
참음 - 36
만월대 - 37

차례

연잣간 - 38
성지 - 39
생가 - 40
출범 - 41
야제조 - 42
장미 - 43
저녁 - 44
푸른 오월 - 45
작별 - 47
길 - 48
고향 - 49
남사당 - 51
한정 - 53
수수 깜부기 - 54
감사 - 55
묘지 - 56
잔치 - 57
촌경 - 58
춘향 - 59
여인부 - 61
추성 - 63
향수 - 64
하일산중 - 65

노천명 시집 II 사슴

아―무도 모르게 - 67
별을 쳐다보며 - 68
저녁별 - 69
춘분 - 70
창변 - 71
동기 - 73
아름다운 얘기를 하자 - 75
설중매 - 76
희망 - 77
검정나비 - 78
그리운 마을 - 79
어떤 친구에게 - 80
눈보라 - 81
산염불 - 82
이산 - 83
그네 - 84
캐피탈 웨이 - 85
봄의 서곡 - 87
오월의 노래 - 88
고별 - 89
독백 - 91
유월의 언덕 - 93
아름다운 새벽을 - 95

차례

꽃길을 걸어서 - 97
추풍에 부치는 노래 - 99
오늘 - 101
사슴의 노래 - 103
비련송 - 105
언덕 - 106
거기가 부러워 - 107
대합실 - 108
그대 말을 타고 - 110
밤중 - 111
저버릴 수 없어 - 113
내 가슴에 장미를 - 114
작약 - 115
당신을 위해 - 116
곡 촉석루 - 117
만추 - 119
그믐날 - 120
누가 알아주는 투사냐 - 121
봄비 - 123
고함을 칠 것 같아 - 124
공 한 알은 황소가 한 마리 - 125
유명하다는 것 - 126
개 짖는 소리 - 127

노천명 시집 II 차례

님은 가시밭을 헤치고 - 128
약속된 날이 있거니 - 129
아들 편지 - 132
시인에게 - 133
제야 - 135
산딸기 - 136
이름 없는 여인 되어 - 137
임 오시던 날 - 138
들국화 - 139
가을날 - 141
첫눈 - 142
녹원 - 144
밤의 찬미 - 145
조그만 정거장 - 146
국경의 밤 - 147
적적한 거리 - 148
나에게 레몬을 - 149

노천명 평전 - 151

사슴

모가지가 길어서 슬픈 짐승이여
언제나 점잖은 편 말이 없구나
관(冠)이 향기로운 너는
무척 높은 족속이었나보다

물속의 제 그림자를 들여다보고
잃었던 전설을 생각해내고는
어찌할 수 없는 향수에
슬픈 모가지를 하고 먼 데 산을 바라본다

자화상

5척 1촌 5푼 키에 2촌이 부족한 불만이 있다. 부얼부얼한 맛은 전혀 잊어버린 얼굴이다. 몹시 차 보여서 좀체로 가까이 하기 어려워한다.

그린 듯 숱한 눈썹도 큼직한 눈에는 어울리는 듯도 싶다마는……

전시대(前時代) 같으면 환영을 받았을 삼단 같은 머리는 클럼지한 손에 예술품답지 않게 얹혀져 가냘픈 몸에 무게를 준다. 조그마한 거리낌에도 밤잠을 못 자고 괴로워하는 성격은 살이 머물지 못하게 학대를 했을 게다.

꼭 다문 입은 괴로움을 내뿜기보다 흔히는 혼자 삼켜 버리는 서글픈 버릇이 있다. 삼 온스의 살만 더 있어도 무척 생색나게 내 얼굴에 쓸 데가 있는 것을 잘 알건만 무디지 못한 성격과는 타협하기가 어렵다.

처신을 하는 데는 산도야지처럼 대담하지 못하고 조

그만 유언비어에도 비겁하게 삼간다 대[竹]처럼 꺾어는 질지언정

 구리처럼 휘어지며 꾸부러지기가 어려운 성격은 가끔 자신을 괴롭힌다.

슬픈 그림

보랏빛 포도알처럼 떫은 풍경―
애드벌룬에는 '아담과 이브시대'의 사전예고다
아스파라가스처럼 늘 산뜻한 걸 즐기는 시악씨
오얏나무 아래서 차라리 낮잠을 잤다

바느질 대신 아프리카종의 고양이를 데리고 논다
구두를 벗고 파초잎으로 발을 싸본다
허나 시악씨는 문득 무엇이 생각킬 때면
붉은 산호목걸이도 벗어던지고
아무도 달랠 수 없이 울어버리는 버릇이 있단다

사월의 노래

사월이 오면 사월이 오면은……
향기로운 라일락이 우거지리
회색빛 우울을 걷어버리고
가지 않으려나 나의 사람아
저 라일락 아래로—라일락 아래로

푸른 물 다담뿍 안고 사월이 오면
가냘픈 맥박에도 피가 더하리니
나의 사람아 눈물을 걷자
청춘의 노래를, 사월의 정령(精靈)을
드높이 기운차게 불러보지 않으려나

앙상한 얼굴의 구름을 벗기고
사월의 태양을 맞기 위해
다시 거문고의 줄을 골라
내 노래에 맞추지 않으려나 나의 사람아!

만가(輓歌)

일찍이 걷던 거리엔 그날처럼 사슴이 오고…가고…
모퉁이 약국집 새장의 라빈도 우는데—
이 거리로 오늘은 상여가 한 채 지나갑니다

요령을 흔들며 조용히 지나는 덴 낯익은 거리들……
엄숙히 드리운 검은 포장 속엔
벌써 시체된 그대가 냄새납니다.

그대 상여머리에 옛날을 기념하려
흰 장미와 백합을 가드윽히 얹어
향기로 내 이제 그대의 추기를 고이 싸려 하오

가을의 구도(構圖)

가을은 깨끗한 새악시처럼
맑은 표정을 하는가 하면 또
외로운 여인네같이 슬픈 몸짓을 지녔습니다

바람이 수수밭 사이로
우수수 소리를 치며 설레고 지나는 밤엔
들국화가 달 아래 유난히 희어 보이고
건너 마을 옷 다듬는 소리에
차가움을 머금었습니다.

친구여! 잠깐 우리가 멀리 합시다
호수 같은 생각에 혼자 가마안히
잠겨보구 싶구려……

바다에의 향수

기억에 잠긴 남빛 바다는 아드윽하고
이를 그리는 정열은 걷잡지 못한 채
낯선 하늘 머언 뭍 우에서
오늘도 떠가는 구름으로 마음을 달래보다

지금쯤 바다 저편엔 칠월의 태양이 물 우에 빛나고
기인 항해에 지친 배의 육중스런 몸뚱이는
집시—의 퇴색한 꿈을 안고 푸른 요 우에 뒹굴며
낯익은 섬들의 기억을 뒤적거리며……

푸른 밭을 갈아 흰 이랑을 뒤에 남기며
장엄한 출범은 이 아침에도 있었으리……
늠실거리는 파도—바다의 호흡—흰 물새—
오늘도 내 마음을 차지하다—

돌아오는 길

차마 못 봐 돌아서오며 듣는 기차소리는
한나절 산골의 당나귀울음보다 더 처량했다

포도(鋪道) 우에 소리 없이 밤안개가 어린다
마음속엔 고삐 놓은 슬픔이 뒹군다

먼―한길에 걸음이 안 걸려
몸은 땅속으로 잦아들 것만 같구나

거리의 플라타너스도 눈물겨운 밤
일부러 육조(六曹) 앞 먼길로 돌았다

길바닥엔 장미꽃이 피었다―사라졌다―다시 핀다
해저(海底)의 소리를 누가 들은 적이 있다더냐

교정(校庭)

흰 양옥이 푸른 나무들 속에
진주처럼 빛나는 오후—
닥터 노엘의 조울리는 강의를 듣기보다 젊은 학생들은
건너편 포플러나무 우로 드높이 날리는 깃발 보기를 더 좋아했다.

향수가 물이랑처럼 꿈틀거린다
퍼덕이는 깃발에 이국 정경이 아롱진다
지향 없는 곳을 마음은 더듬었다

낯선 거리에서 금발의 처녀를 만났다
깊숙이 들어간 정열적인 그 눈이
이국 소녀를 응시하면
"형제여!"
은근히 뜨거운 손을 내밀리라

푸른 포플러나무!

흰 양옥!
이국 깃발!
내 제복과 함께 잊혀지지 않는 정경이여……

고독

변변치 못한 화(禍)를 받던 날
어린애처럼 울고 나서
고독을 사랑하는 버릇을 지었습니다

번잡이 이처럼 싱그러울 때
고독은 단 하나의 친구라 할까요

그는 고요한 사색의 호숫가로
나를 달래 데리고 가
내 이지러진 얼굴을 비추어줍니다

고독은 오히려 사랑스러운 것
함부로 친할 수도 없는 것—
아무나 가까이하기도 어려운 것인가 봐요

포구의 밤

미술사 같은 어둠이 꿈틀거리며
무거운 걸음새로 기어드니
찌푸린 하늘엔 별조차 안 보이고
바닷가 헤매는 물새의 울음소리
엄마 찾는 듯…… 내 애를 끓네

한가람 청풍(淸風) 물 위를 스치고 가니
기슭에 나룻배엔 등불만 조을고
사공의 노랫가락 마디마디 구슬퍼
호수같이 고요하던 마음바다에 잔물살 이니
한때의 옛 곡조 다시 떠도네

이 바다 물결에 내 노래 띄워—
그 물결 닿는 곳마다 펼쳐나보리
바위에 부딪치는 구원의 물소리
내 그윽한 느낌에 눈감고 듣노니
마산포(馬山浦)의 밤은 말없이 깊어만 가는데……

구름같이

큰 바다의 한 방울 물만도 못한
내 영혼의 지극히 적음을 깨닫고
모래언덕에서 하염없이
갈매기처럼 오래오래 울어보았소

어느 날 아침이슬에 젖은
푸른 밤을 거니는 내 존재가
하도 귀한 것 같아 들국화 꺾어들고
아침다운 아침을 종다리처럼 노래하였소

허나 쓴웃음 치는 마음
삶과 죽음 이 세상 모든 것이
길이 못 풀 수수께끼어니
내 생의 비밀인들 어이 아오

바닷가에서 눈물짓고……
이슬언덕에서 노래 불렀소
그러나 뜻 모를 이 생
구름같이 왔다 가나보오

동경(憧憬)

내 마음은 늘 타고 있소
무엇을 향해선가—

아득한 곳에 손을 휘저어보오
발과 손이 매여 있음도 잊고
나는 숨가삐 허덕여보오

일찍이 그는 피리를 불었소
피리소리가 어디서 나는지 나는 몰라
예서 난다지…… 제서 난다지……

어디엔지 내가 갈 수 있는 곳인지도 몰라
허나 아득한 저곳에
무엇이 있는 것만 같애
내 마음은 그칠 줄 모르고 타고 또 타오

맥진(驀進)

'호산나'를 부르는 사람들
길바닥은 군중들의 던진 장미로 어지럽다
말 탄 용사들의 다문 입엔
정중한 웃음이 떠돈다

그들에게는 '어제'의 장한 싸움이 있다
귀한 땀이 있다
아픔을 참는 데 순교자와 같은 거룩함이 있다

모래알만한 불의에도 화차처럼 달린다―부순다
의로운 싸움을 해야만 할
그들에겐 숙명이 있다

'앞으로! 앞으로!'의 군호가 서리 같다
행군들은 일제히 다가선다

심혈로 새긴 '어제'가 있다
지붕을 흔드는 찬사와 꽃다발이 '오늘'에 있다
그러나 '내일'을 위해 또 말을 몬다―달린다

말 않고 그저 가려오

말보다 아름다운 것으로 내 창을 두드려놓고
무거운 침묵 속에 괴로워 허덕이는
인습의 약한 아들을 내 보건만
생명이 다하는 저 언덕까지 깨지 못할 꿈이라기
나는 못 본 체 그저 가려오

호젓한 산길 외롭게 떨며 온 나그네
아늑한 동산에 들어 쉬라 하니
이 몸이 찢겨 피 흐르기로
그 길이 험하다 사양했으리―

'생'의 고적한 거리서 그대 날 불렀건만
내 다리 떨렸음은―
땅 우의 가시밭도 연옥의 불길도 다 아니었소
말없이 희생될 순한 양 한 마리
······다만 그것뿐이었소······

위대한 아픔과 참음이 그늘지는 곳

영원한 생명이 깃들일 수 있나니
그대가 낳아준 푸른 가락 고운 실로
내 꿈길에 수놓아가며 나는 말 않고 그저 가오
못 본 체 그냥 가려오……

소녀

"어디를 가십니까"
노타이 청년의 평범한 인사에도
포도주처럼 흥분함은
무슨 까닭입니까
머지않아 아가씨 가슴에도
누가 산도야지를 놓겠구려

박쥐

기인 담 밑에 옹송거리고 누워 있는 집 없는 아이들
바람이 소스라치게 기어들 때마다
강아지처럼 웅웅대며 서로의 체온을 의지한다

박쥐의 날개를 열리는 밤—
청동화롯가엔 두 모녀의 이야기가
찬 재를 모으며 흩으며 잠들 줄 모른다

아들의 굳게 다문 입술이 떨리며
눈물을 삼키고 떠나던 밤—그 밤의 광경이
어머니의 가슴엔 아프게 새겨졌다

해가 바뀌는 밤 늙은 어머니는
아들의 이름을 중얼거리며 눈물짓다
젊은이가 떠난 뒤 이런 밤이 세 번째

같은 하늘 낯선 땅 한구석에선
조국을 원망하나 미워하지 못하는
정(情)의 칼에 에어지는 아픈 가슴이 있으리……

호외

큰불이라도 나라 폭탄사건이라도 생겨라
외근에서 들어오는 전화가
비상(非常)하기를 바라는 젊은 편집자
그는 잔인한 인간이 아니다
저도 모르게 되어진 슬픈 기계다

그 불이 방화가 아니라 보고서 될 때
젊은이의 마음은 서운했다
철필이 재빠르게 미끄러진다
잠바―노타이―루바쉬카의 청년―청년―
싱싱하고 미끈한 양(樣)들이
해군복이라도 입히고 싶은 맵시다

오늘은 또 저 붓끝이 몇 사람을 찔렀느냐
젊은이 수기(手記)에 참회가 있는 날
그날은 그날은 무서운 날일지도 모른다

귀뚜라미

몸 둔 곳 알려서는 드을 좋아—
이런 모양 보여서도 안 되는 까닭에
숨어서 기나긴 밤 울어 새웁니다

밤이면 나와 함께 우는 이도 있어
달이 밝으면 더 깊이깊이 숨겨둡니다
오늘도 저 섬돌 뒤
내 슬픈 밤을 지켜야 합니다

장날

대추 밤을 돈사야 추석을 차렸다
이십 리를 걸어 열하룻장을 보러 떠나는 새벽
막내딸 이뿐이는 대추를 안 준다고 울었다

절편 같은 반달이 싸리문 우에 돋고
건너편 성황당 사시나무 그림자가 무시무시한 저녁
나귀방울이 지껄이는 소리가 고개를 넘어 가까워지면
이뿐이보다 삽살개가 먼저 마중을 나갔다

성묘

어쩌타 가시는 님
정(情)은 남겨두신고
가배절(嘉俳節) 당하오니
옛 설움 새로워라

쓰린 마음 굳이 안고
누우신 곳 찾았건만
애닯다 어이 몰라 하신고
키 큰 풀 우거진 양
더욱 쓸쓸하고야

간장에 맺힌 설움
풀 길이 바이 없어
더운 눈물 뿌려
마른 잎을 축이노라

온 것조차 모르시니
애닯은 이 마음이랴

눈 들어 먼 산 보니
안개 어이 가리는고
발밑의 흰 떨기도
눈물 젖어 있더라

참음

이 가슴 맺힌 울분 불꽃 곧 될 양이면
일월(日月)도 녹을 것이 산악 어이 아니 타랴
오늘도 내 맘만 태며 또 하루를 보냈노라

님이 가오실 제 명심하란 참을 인(忍)자
오늘도 가슴속 치미는 불덩이를
참음의 더운 눈물로 구지껏 사옵내다

만월대

풀 헤쳐 길을 내며 비탈을 기어올라
님 계시던 궁터거니 절하고 굽혀들 제
주춧돌 그 자리에 잡초가 어인 일고

오백년 옛 소식을 어느 곳에 들으리오
오르고 나리실 제 밟으시던 그 돌층대
마른풀 우는 소리 낙엽마저 쌓였구나

가을도 저문 날에 만월대 지나던 손
풀이라 울어볼까 낙엽이라 앉아볼까
초석(礎石)이 말없으되 발 못 돌려 하노라

연잣간

삼밭 울바주엔 호박꽃이 화안한데
눈 가린 말은 돌방아를 메고
한종일 연잣간을 속아 돌고
치부책을 든 연자지기는 잎담배를 피웠다

머언 아랫말에 한나절 닭이 울고
돌배를 따는 아이들에게선 풋냄새가 났다
밀을 찧어가지고 오늘 친정엘 간다는 새댁
대추나무를 쳐다보고도 괜히 좋아한다

성지(城址)

머루와 다래가 나는 산골에 자란 큰애기라
혼자서 곧잘 산에 오르기를 좋아합니다
깨어진 기와편에서 성터의 옛얘기를 주우며
입 다문 석문(石門)에 삼켜버린 전설을 바라봅니다

하늘엔 흰 구름이 흘러 흘러가고―
젊은이의 가슴은 애수가 지그웃이 무는 가을
서반아풍의 기인 머리를 땋아 두른
여인은 지나간 꿈을 뒤적거립니다

실은 서럽지도 않은 이야기들인 것이
저 벌레와 함께 이처럼 울고 싶어집니다
하기사 그때도 이렇게 갈대가 우거지고
들국이 핀 언덕―
동으로 낮차가 달리는 곳―
두 줄 철로를 말없이 말없이 바라보았지라우

생가(生家)

뒤울안 보루쇠 열매가 붉어오면
앞산에서 뻐꾸기 울었다
해마다 다른 까치가 와 집을 짓는다던
앞마당 아라사버들은 키가 커 늘 쳐다봤다

아랫말과 웃동리가 넓어 뵈던 촌에선
단오의 명절이 한껏 즐겁고……
모닥불에 강냉이를 구워먹던 아이들
곧잘 하늘의 별 세기를 내기했다

강가에서 갯[江]비린내가 유난히
풍겨오는 저녁엔 비가 온다던
늙은이의 천기예보는 틀린 적이 없었다

도적이 들고 난 새벽녘처럼 호젓한 밤
개 짖는 소리가 덜 좋아
이불 속으로 들어가 묻히는 밤이 있었다

출범

기선이 떠나고 난 항구에는
끊어진 테잎들만 싱겁게 구으르고
아무렇지도 않았던 것처럼……
바다는 다시 침묵을 쓰고 누웠다

마녀의 불길한 예언도 없었건만
건너기 어려운 바다를 사이에 두기로 했다
마지막 말을 삼키고……
영영 떠나보내는 마음도 실은 강하지 못했다
선조 때 이 지역은 저주를 받을 일이 있어
비극이 머리 들기 쉬운 곳이란다

검푸른 칠월의 바닷가 모래펄—
늙은 소리껍데기 속엔 이야기 하나가 더 붙었다

물을 차는 제비처럼 가벼웠으면……하나
마음의 마음은 광주리 속을 자주 뒤적거려
배가 나간 뒤도 부두를 떠나지 못하는 부은 맘은
바다 저편에 한 여름 흰 꿈을 재우다

야제조(夜啼鳥)

낙엽을 가져다 내 창가에 끼얹고는
말없이 찬 달 아래 떨고 서 있는
네 마음을 알아듣는 까닭에
이 밤에 내가 굳이 창장(窓帳)을 내리었노라

밤새가 네 가슴을 쪽[啄]지 않느냐
슬픈 얘기는 이제 그만 하자—

조각달이 네 메마른 팔 우에 차가웁고
16세 소녀인 양 이처럼 감상적인 저녁엔
차(茶)를 끓이는 대신
과자의 은빛 종이를 벗기기로 했다

*야제조 : 밤에만 우는 새

장미

맘속 붉은 장미를 우지직끈 꺾어 보내놓고
그날부터 내 안에선 번뇌가 자라다

네 수정 같은 맘에
나
한 점 티 되어 무겁게 자리하면 어찌하랴

차라리 얼음같이 얼어버리련다
하늘 보면 나무 모양 우뚝 서버리련다
아니
낙엽처럼 섧게 날아가버리련다

저녁

나이 갓 마흔에도 장가를 못간 칠성이가
엄백이 짚신을 삼는 사랑 웃구둘에선

저녁마다 몰꾼들이 뫼구
고담책(古談冊) 읽는 소리가 들리구

밤이 이슥해 삽살개가 짖어서 보면
국수들을 시켰다

푸른 오월

청자빛 하늘이
육모정 탑 우에 그린 듯이 곱고
연당 창포잎에―
여인네 행주치마에―
감미로운 첫여름이 흐른다

라일락 숲에
내 젊은 꿈이 나비같이 앉는 정오(正午)
계절의 여왕 오월의 푸른 여신 앞에
내가 웬일로 무색하구 외롭구나

밀물처럼 가슴속으로 밀려드는 향수를
어찌하는 수 없어
눈은 먼 데 하늘을 본다

긴 담을 끼고 외따른 길을 걸으며 걸으며
생각은 무지개처럼 핀다

풀냄새가 물큰
향수보다 좋게 내 코를 스치고

청머루순이 뻗어 나오던 길섶
어디메선가 한나절 꿩이 울고
나는
활나물 혼잎나물 젓갈나물 참나물 고사리를 찾던―
잃어버린 날이 그립구나 나의 사람아

아름다운 노래라도 부르자
서러운 노래를 부르자

보리밭 푸른 물결을 헤치며
종달새 모양 내 마음은
하늘 높이 솟는다

오월의 창공이여
나의 태양이여

작별

어머니가 떠나시던 날 눈보라가 날렸다

언니는 흰 족두리를 쓰고
오라버니는 굴관을 하고
나는 흰 댕기 늘인 삼또아리를 쓰고

상여가 동리를 보구 하직하는
마지막 절하는 걸 봐도
나는 도무지 어머니가
아주 가시는 것 같지 않았다

그 자그마한 키를 하고—
산엘 갔다 해가 지기 전
돌아오실 것만 같았다

다음날도 다음날도 나는
어머니가 들어오실 것만 같았다

길

솔밭 사이로 솔밭 사이로 걸어들어가자면
불빛이 흘러나오는 고가(古家)가 보였다

거기—
벌레 우는 가을이 있었다
벌판에 눈 덮인 달밤도 있었다

흰 나리꽃이 향을 토하는 저녁
손길이 흰 사람들은
꽃술을 따 문 병풍의 사슴을 이야기했다

솔밭 사이로 솔밭 사이로 걸어가자면
지금도
전설처럼
고가(古家)엔 불빛이 보이련만

숱한 이야기들이 생각날까봐
몸을 소스라침은
비둘기같이 순한 마음에서……

고향

언제든 가리라
마지막엔 돌아가리라
목화꽃이 고운 내 고향으로—
조밥이 맛있는 내 본향으로
아이들이 하눌타리 따는 길머리론
학림사(鶴林寺) 가는 달구지가 조을며 지나가고
대낮에 잔나비가 우는 산골

등잔 밑에서
딸에게 편지 쓰는 어머니도 있었다
둥굴레산에 올라 무릇을 캐고
접중화 싱아 뻑국채 장구채 범부채 마주채 기룩이
도라지 체니곰방대 곰취 참두릅 개두릅을 뜯던 소녀들은
말끝마다 '꽈' 소리를 찾고
개암쌀을 까며 소년들은
금방맹이 은방맹이 놓고 간 도깨비 얘길 즐겼다

목사가 없는 교회당

회당지기 전도사가 강도(講道)상을 치며 설교하던 촌(村)
그 마을이 문득 그리워
아라비아서 온 반마(斑馬)처럼 향수에 잠기는 날이 있다

언제든 가리
나중엔 고향 가 살다 죽으리

메밀꽃이 하이얗게 피는 곳
조밥과 수수엿이 맛있는 고을
나뭇짐에 함박꽃을 꺾어오던 총각들
서울구경이 소원이더니
차를 타보지 못한 채 마을을 지키겠네

꿈이면 보는 낯익은 동리
우거진 덤불[叢]에서
찔레순을 꺾다 보면 꿈이었다

남사당

나는 얼굴에 분칠을 하고
삼단 같은 머리를 땋아내린 사나이

초립에 쾌자를 걸친 조라치들이
날라리를 부는 저녁이면
다홍치마를 두르고 나는 향단이가 된다

이리하여 장터 어느 넓은 마당을 빌어
램프불을 돋운 포장(布帳) 속에선
내 남성(男聲)이 십분 굴욕된다

산 너머 지나온 저 동리엔
은반지를 사주고 싶은
고운 처녀도 있었건만

다음날이면 떠남을 짓는
처녀야!
나는 집시의 피였다

내일은 또 어느 동리로 들어간다냐
우리들의 소도구를 실은
노새의 뒤를 따라
산딸기와 이슬을 털며
길에 오르는 새벽은

구경꾼을 모으는 날라리소리처럼
슬픔과 기쁨이 섞여 핀다

한정

헌털배로 벌거숭이 몸을 가린 내인들이
지친 인어처럼 늘어졌다

하나같이 낡은 한정 두께가
거렁뱅이들을 만들어놨다

용로(熔爐)같이 뻘—겋게 단 한정 안은
불지옥엘 온 것 같다
무덤 속도 같다

숨이 턱턱 막히는데
어느 구석에선
'감내기'를 명주실처럼 뽑아낸다

나는
뻘건 천정(天井)이 대자꾸
무서워진다

수수 깜부기

깜부기는 비가 온 뒤라야 잘 팼다
아이들이 깜부기를 찌러
참새떼처럼 수수밭으로들 밀려갔다

밭고랑에 가 들어서
꼭대기를 쳐다보다
희끗 깜부기를 찾아내는 때는
수숫대는 사정없이 휘며 숙여졌다

깜부기를 먹고 난 입은
까암해 자랑스러웠다

감사

저 푸른 하늘과
태양을 볼 수 있고

대기(大氣)를 마시며
내가 자유롭게 산보를 할 수 있는 한

나는 충분히 행복하다
이것만으로 나는 신에게 감사할 수 있다

묘지

이른 아침 황국(黃菊)을 안고
산소를 찾은 것은
가랑잎이 빨—가니 단풍 드는 때였다

이 길을 간 채 그만 돌아오지 않은 너
슬프다기보다는 아픈 가슴이여
흰 패목들이
서러운 악보처럼 널려 있고
이따금 빈 우차가 덜덜대며 지나는 호젓한 곳

황혼이 무서운 어두움을 뿌리면
내 안에 피어오르는
산모퉁이 한 개 무덤
비애가 꽃잎처럼 휘날린다

잔치

청사초롱을 들리우고
호랑담요를 쓴 가마가
웃동리서 아랫말로 나려왔다

차일을 친 마당 멍석 우엔
잔치 국수상이 벌어지구
상을 받은 아주머니들은
이차떡에 절편에 대추랑 밤을 수건에 쌌다

대례를 지내는 마당에선
장옷을 입은 색시보담두 나는
그 머리에 쓴 칠보족두리가 더 맘에 있었다

촌경(村景)

구릿빛 팔에 쇠스랑을 잡고
밭에 들어 검은 흙을 다듬는 낮

보기 좋게 낡은 초가집 영마루엔
봄이 나른히 기고—
울파주 밖으론
살구꽃이 흐드러지게 웃는다

춘향

검은 머리채에 동양여인의 '별'이 깃들이다

"도련님 인제 가면 언제나 오실라우 벽에 그린 황계
짧은 목 길게 늘여 두 날개 탁탁 치고 꼭교하면 오실라우
계집의 높은 절개 이 옥지환과 같을 것이오 천만년이 지나간들
옥빛이야 변할랍디어"
옥가락지 우에 아름다운 전설을 걸어놓고
춘향은
사랑을 위해 달게 형틀을 졌다

옥(獄) 안에서 그는 춘(椿)꽃보다 더 짙었다

밤이면 삼경을 타 초롱불을 들고 향단이가 찾았다
춘향 "야야 향단아 서울서 뭔 기별 없디야"
향단 "기별이라우? 동냥치 중에 상동냥치 돼 오셨어라우"

춘향 "아야 그것이 뭔 소리라냐―행여 나 없다 괄세 말고 도련님께 부디 잘해드려라"

　무릇 여인 중
　너는
　사랑할 줄 안
　오직 하나의 여인이었다

　눈 속의 매화 같은 계집이여
　칼을 쓰고도 너는 붉은 사랑을 뱉아버리지 않았다
　한양 낭군 이도령은 쑥스럽게
　'사또'가 되어 오지 않아도 좋았을 게다

여인부(女人賦)

미용사에게
결발(結髮)을 읽히는 대신
무릇 여인이여
온달에게서 '바보'를 배우라

총명한 데서 여인은
가끔 불행을 지녔다

진실로 아리따운 여인아
네 생각이 높고 맑기
저 구월(九月)의 하늘 같고

가슴에 지닌 향랑보다
너는 언제고 마음이 더 향그러워라

여인 중에
학처럼 몸을 갖는 이가 있어 보라
물가 그림자를 보고

외로워도 좋다

해연(海燕)은 어디다
집을 짓는지 아느냐

추성(秋聲)

푸라타나쓰의 표정이 어느 틈에 이렇게 달라졌나

하늘을 쳐다본다
청징한 바닷가에 다시 은하가 맑다
눈을 땅으로 떨어뜨리며
내가 당황하다

향수(鄕愁)

오월의 낮차가 찰랑찰랑
배추꽃이 노오란 마을을 지나면
문득
'싱아'를 캐던 고향이 그리워

타향의 산을 보며
마음은
서쪽 하늘의 구름을 따른다

하일산중(夏日山中)

보리이삭들이 바람에 물결칠 때마다
어느 밭고랑에서 종다리가 포루롱 하늘로 오를 것 같다

논도랑을 건너고 밭머리를 휘돌아
동구릉(東九陵) 가는 길을 물으며 물으며 차츰
산속으로 드는 낮은 그림 속의 선인(仙人)처럼

내가 맑고 한가하다
낮이 기운 산중에서 꿩소리를 듣는다
다홍댕기를 칠칠 끄는 처녀 같은 맵시의 꿩을 찾다보면
철쭉꽃이 불그레하게 펴 있다

초록물이 뚝뚝 듣는 나무들이 그늘진 곳에 활나물 대나물 미일 대를 보며
―나는 배암이 무서워 칡순을 따 머리에 꽂던 일이며
파아란 가랑잎에 무릇을 받아먹던 일이며
도토리에 콩가루를
발라먹던 산골 얘기를 생각해낸다―

어디서 꿩알을 얻을 것 같은 산속
숙(淑)은 산나물 꺾는 게 좋고 난 송충이가 무섭고―
한 치도 못 되는 벌레에게 다닥뜨릴 때마다
이처럼 질겁을 해 번번이 못난이 짓을 함은
진정 병신성스러우렷다
솔밭을 헤어나 첫째 능에 절하고 들어 잔디 우에 다리를 쉰다

천년 묵은 여우라도 나올 성부른 태고적 조용한 낮
내가 잠깐 현기(眩氣)를 느낀다

아—무도 모르게

아—무도 모르게 뉘도 몰래
멀리 멀리 가버리고 싶은 날이 있어
메에 올라 낯익은 마을을 굽어보다

빨—간 고추가 타는 듯 널린 지붕이—
쨍이를 잡는 아이들의 모습이—
차마 눈에서 안 떨어져

한나절을 혼자 산 우에 앉아보다

별을 쳐다보며

나무가 항시 하늘로 향하듯이
발은 땅을 딛고도 우리
별을 쳐다보며 걸어갑시다

친구보다
좀더 높은 자리에 있어 본댔자
명예가 남보다 뛰어나 본댔자
또 미운 놈을 혼내주어 본다는 일
그까짓 것이 다―무엇입니까

술 한 잔만도 못한
대수롭잖은 일들입니다
발은 땅을 딛고도 우리
별을 쳐다보며 걸어갑시다

저녁별

그 누가 하늘에 보석을 뿌렸나
작은 보석 큰 보석 곱기도 하다
모닥불 놓고 옥수수 먹으며
하늘의 별을 세던 밤도 있었다

별 하나 나 하나 별 두울 나 두울
논뜰엔 따옥새 구슬피 울고
강낭수숫대 바람에 설렐 제
은하수 바라보면 잠도 멀어져

물방아소리—들은 지 오래—
고향 하늘 별 뜬 밤 그리운 밤
호박꽃 초롱에 반딧불 넣고
이즈음 아이들도 별을 세는지

춘분

한 고방 재어놨던 석탄이 휑하니 나간 자리
숨었던 봄이 드러났다

얼래 시골은 지금 뱀 나왔갔늬이

남쪽 계집아이는 제 집이 생각났고
나는 고양이처럼 노곤하다

창변(窓邊)

서리 내린
지붕 지붕엔 밤이 앉고

그 안엔 꽃다운 꿈이 뒹굴고

뉘 집인가 창이 불빛을 한입 물[숨]었다
눈비탈이
하늘 가는 길처럼 밝구나

그 속에 숱한 애기들을 줍고 있으면
어려서 잊어버린 '집'이 살아났다

창으로 불빛이 나오는 집은 다정해
볼수록 정다워

저 안엔 엄마가 있고
아버지도 살고
그리하여 형제들은 다행(多幸)하고—

마음이 가난한 이는 눈을 모아
고운 정경을 한참 마시다—

아늑한 '집'이 온갖 시간에 벌어졌다
친정엘 간다는 새댁과 마주앉은
급행열차 밤찻간에서도

중년신사는 나비넥타이를 찼고
유복한 부인은 물건을 왼종일 고르고
백화점 소녀는 피곤이 밀린 잡답(雜沓) 속에서도

또 어느 조그만 집 명절 떡치는 소리를
들으면서도

기댈 데 없는 외로움이 박쥐처럼 퍼덕이면
눈 감고

가다가
슬프면 하늘을 본다

동기(同氣)

언니와
밤을 밝히던 새벽은
성사(聖赦)를 받는 것 같다
내 야윈 뺨엔 눈물이 비오듯 했다

지금도 생각하면 눈이 뜨거워—
언니가 보고지워 떠나가는 날은
천리 길을 주름잡아 먼 줄을 몰라

감나무 집집이 빠알간 남쪽
말들이 거세어 이방(異邦)도 같건만
언니가 산대서
그곳은 늘상 마음에 그리운 곳—

오늘도 남쪽에서 온 기인 편지
읽고 읽으면 구슬픈 사연들

"불이나 뜨뜻이 때고 있는지

외따로 너를 혼자 두고
바람에 유리문들이 우는 밤엔 잠이 안 온다"

두루마리를 잡은 채
눈물이 피잉 돌았다

아름다운 얘기를 하자

아름다운 얘기를 좀 하자
별이 자꾸 우리를 보지 않느냐

닷돈짜리 왜떡을 사먹을 제도
살구꽃이 환한 마을에서 우리는 정답게 지냈다

성황당 고개를 넘으면서도
우리 서로 의지하면 든든했다
하필 옛날이 그리울 것이냐만
네 안에도 내 속에도 시방은
귀신이 뿔을 돋쳤기에―

병든 너는 내 그림자
미운 네 꼴은 또 하나의 나

어쩌자는 얘기냐, 너는 어쩌자는 얘기냐
별이 자꾸 우리를 보지 않느냐
아름다운 얘기를 좀 하자

설중매

송이송이 흰빛 눈과 새워
소복한 여인모양 고귀하여
어둠 속에도 향기로 드러나
아름다움 열꽃을 제치는구나

그윽한 향 품고
제철 꽃밭 마다하며
눈 속에 만발함은
어느 아낙네의 매운 넋이냐

희망

꽃술이 바람에 고갯짓하고
숲들 사뭇 우짖습니다

그대가 오신다는 기별만 같아
치맛자락 풀덤불에 긁히며
그대를 맞으러 나왔습니다

내 낭자에 산호잠 하나 못 꽂고
실안개 도는 갑사치마도 못 걸친 채
그대 황홀히 나를 맞아주겠거니—
오신다는 길가에 나왔습니다

저 산말랑에 그대가 금시 나타날 것만 같습니다
녹음 사이 당신의 말굽소리가 들리는 것 같습니다
내 가슴이 왜 갑자기 설렙니까

꽃다발을 샘물에 축이며 축이며
산마루를 쳐다보고 또 쳐다봅니다

검정 나비

너를 피해 달음질치기 열 몇 해
입 축일 샘가 하나 없는 길
자갈돌 발부리 차 피 내며
죽기로 달리다

문득 고개 돌리니
너는 내 그림자—나를 따랐구나
내려앉는 꽃잎 모양
상장(喪章)과도 같이

나 이제
네 앞에 곱게 드리워지나니
오—나의 마지막 날은 언제냐

그리운 마을

산엔 칡덤불 위에 다래와 으—름이 열렸겠다
머루는 서리를 맞아야 달았다
박우물가엔 언제나 질동이 속 뉘집 도토리가 울궈지고
좋은 것은 다 읍엘 가야만 사왔다
거렁뱅이도 상을 받쳐주는 사람들
잘생긴 느티나무 아래서 태고연(太古然)히
조바심도 시기도 없던 마을
총소리나 말굽소리는 더구나 멀었다

어떤 친구에게

같은 별 아래 태어난 여인이기에
너와 나는 함께 울었고 같이 웃었다
너를 찾아 밤길을 간 것도
내 가슴을 펼 수 있는 네 가슴이었기—

대학 교정에서 그대를 만났을 제
내 눈은 신록을 본 듯 번쩍 뜨였고
손길을 잡게 되던 날 내 가슴은 뛰었었나니
그대와 나는 자매별모양 빛났더니라

나를 보는 이 네가 떠올랐고
너를 대하는 이 또 나를 생각해냈다
어떤 사람 너를 더 빛난다 했고
다른 이 또 나를 더 좋다 했다

너와 나 같은 동산에 서지 않았던들
너 나를 이런 곳에 밀어 넣지는 않았을 것이고
우리는 얼마나 더 정다웠으랴

눈보라

눈보라 속에 네거리 사람들은
오직 '고—', '스톱'을 몰라 당황해 한다

동상(銅像) 하나 못 선 '로—타리'에도
눈이 오니 괜찮다

이런 날도 뜨거운 창 안에서
사무(事務)를 생각해야 하는 사람들이 있겠다

눈이 펑펑 쏟아지면
내 속에선 사과꽃이 핀다

이대로 걸음이 내 집을 향해선 안 된다
어디로 가야만 하겠다
누구와 더불어 얘기를 해야만 될 것 같다

산염불(山念佛)

산염불소리 꺾이어 넘어가면
커—단히 떠오르는 얼굴 있어
우정 산염불 틀어놓고는
우는 밤이 있어라

비인 주머니하고 풀 없이 다니던 일
쩌릿하니 가슴에다 못을 친다
지금쯤 어느
쥐도 새끼를 안 친다는 그 땅광에서

남쪽 하늘 그리며
큰 눈 꺼벅이고 있는지
겁먹은 눈을 뜬 채 또 쓰러져 버렸는지—

이산(離散)

어쩔 수 없는 마지막 시간이 왔다
"그럼 난 떠나야지"

아버지는 식구들에게 일렀다
"다시 우리 오게 되는 땐
집이 없어졌더라도 이 터전에서들 만나기로 하자"

아이 어른은 대답 대신 와―울음이 터져 버렸다
태극기에서 떨어지는 날은

이렇듯 몸 둘 곳이 없어졌다―
대한민국이 죽은 사람 모양 그리웠다

그네

남갑사 치마에 홍갑사 댕기를
충충 따내린 머리끝에 물리고
그네 위에 흐능청 올라섬은
열일곱 용기렷다

느티나무 잎사귀 입에 따 물며
오이씨 같은 발부리가 창공을 차고
까아맣게 늘었다 들어오는 길은
현기(眩氣)와 함께 신이 나는 법이겠다

오월의 하늘은 월남 옥색인데
힘 있게 하늘을 차는 이 땅 처녀들의 기상은
낙랑시절의 여인인가

그네를 맘껏 늘였다 천천히 들어옴은
승전을 하고 드는 용사의 모습과도 같으이

캐피탈 웨이

샅샅이 드러내 놓는
대낮은 고발자(告發者)
눌러보고 싸주어 아름답게만 보아주는
밤은 연인

시속 15마일의 안전 상태로
나 이 밤에 캐피탈 웨이를 달린다
낮에 낙엽을 줍던 이도 안 보이고
다람쥐처럼 옹송거리고 밤을 굽던 소년도 그 자리에 없다

하나 좋은 줄 모르고 날마다 오르내린 이 길이
오늘밤 유난히 멋지고 곱구나
몇 백환 택시의 효과여

가로수를 양옆에 끼고
포도(鋪道)를 미끄러지는 맛이 괜찮구나
보초 대신 칸칸이 늘어선

나의 수박등들의 아름다움이여

개 짖는 집 하나 없는 이 골목을
난 이제 조심조심 들어가야 한다
남의 집 급한 바느질을 하는 모퉁이집 할머니를 위해서
 시린 손을 불며 과자봉지를 붙이는 반장아저씨를 위해서
 기침도 삼키고 나는 근신하며 들어서야 한다

봄의 서곡

누가 오는데 이처럼들 부산스러운가요
목수는 널빤지를 재며 콧노래를 부르고
하나같이 가로수들은 초록빛
새 옷들을 받아들었습니다
선량한 친구들이 거리로 거리로 쏟아집니다
여자들은 왜 이렇게 더 야단입니까
나는 포도(鋪道)에서 현기증이 납니다
3월의 햇볕 아래 모든 이지러졌던 것들이 솟아오릅니다
보리는 그 윤나는 머리를 풀어헤쳤습니다
바람이 마음대로 붙잡고 속삭입니다
어디서 종다리 한 놈 포르르 떠오르지 않나요
꺼어먼 살구나무에 곧
올연한 분홍 '베일'이 씌워질까 봅니다

오월의 노래

보리는 그 윤기 나는 머리를 풀어헤치고
숲 사이 철쭉이 이제 가슴을 열었다

아름다운 전설을 찾아
사슴은 화려한 고독을 씹으며
불로초 같은 오시(午時)의 생각은 오늘도 달린다

부르다 목은 쉬어
산에 메아리만 하는 이름—

더불어 꽃길을 걸을 날은 언제뇨
하늘은 푸르러서 더 넓고
마지막 장미는 누구를 위한 것이냐

하늘에서 비가 쏟아져라
그리고 폭풍이 불어다오
이 오월의 한낮을 나 그냥 갈 수는 없어라

고별

어제 나에게 찬사와 꽃다발을 던지고
우레 같은 박수를 보내주던 인사들
오늘은 멸시의 눈초리로 혹은 무심히
내 앞을 지나쳐 버린다

청춘을 바친 이 땅
오늘 내 머리에는 용수가 씌워졌다

고도(孤島)에라도 좋으니 차라리 머언 곳으로―
나를 보내다오
뱃사공은 나와 방언이 달라도 좋다

내가 떠나면
정든 책상은 고물상이 업어갈 것이고
애끼던 책들은 천덕구니가 되어 장터로 나갈 게다

나와 친하던 이들 또 나를 시기하던 이들
잔을 들어라 그대들과 나 사이에

마지막인 작별의 잔을 높이 들자
우정이라는 것 또 신의(信義)라는 것
이것은 다 어디 있는 것이냐
생쥐에게나 뜯어먹게 던져 주어라

온갖 화근이었던 이름 석 자를
갈기갈기 찢어서 바다에 던져 버리련다
나를 어느 떨어진 섬으로 멀리멀리 보내다오

눈물어린 얼굴을 돌이키고
나는 이곳을 떠나련다
개 짖는 마을들아
닭이 새벽을 알리는 촌가(村家)들아
잘 있거라

별이 있고
하늘이 보이고
거기 자유가 닫혀지지 않는 곳이라면—

독백

밤은 언제부터인지 안식의 시간이 못되어
눈을 뜨고—
올빼미처럼 눈을 뜨고 깨어 있는 밤

시계소리를 듣기에도 성가신
해초와도 같이 후줄근해진 영혼이여

샹들리에 밑이 어두워서
나는 내 소중한 열쇠를 못 찾고
손수건같이 꾸겨진 오늘을 응시하며
한밤중 올빼미모양 일어나 앉아
낙하산의 현기증을 느낀다
무도회는 언제나 지쳐서들 쓰러질 것이냐

꿈속에서모양 나는 맥아리가 하나도 없고
해감 속에서
한 발자국도 옮겨놔지지가 않는다

별도 이제 내 친구는 못 되고
풀 한 포기 나지 못한 허허벌판에서
전투기의 공중선회적 현기증

장미빛 새벽은 멀다 치고

유월의 언덕

아카시아꽃 핀 유월의 하늘은
사뭇 곱기만 한데
파라솔을 접듯이
마음을 접고 안으로 안으로만 들다

이 인파 속에서 고독이
곧 얼음모양 꼿꼿이 얼어들어옴은
어쩐 까닭이뇨

보리밭엔 양귀비꽃이 으스러지게 고운데
이른 아침부터 밤이 이슥토록
이야기해 볼 사람은 없어
파라솔을 접듯이
마음을 접어가지고 안으로만 들다

장미가 말을 배우지 않은 이유를
알겠다
사슴이 말을 안 하는 연유도

알아듣겠다
아카시아꽃 핀 유월의 언덕은
곱기만 한데—

아름다운 새벽을

내 가슴에선 사정없이 장미가 뜯겨지고
멀쩡하니 바보가 되어 서있습니다

흙바람이 모래를 끼얹고는
껄껄 웃으며 달아납니다
이 시각에 어디메서 누가 우나 봅니다

그 새벽들은 골짜구니 밑에 묻혀 버렸으며
연인은 이미 배암의 춤을 추는 지 오래고
나는 혀끝으로 찌를 것을 단념했습니다

사람들 이젠 종소리에도 깨일 수 없는
악의 꽃 속에 묻힌 밤

여기 저도 모르게 저지른 악이 있고
남이 나로 인하여 지은 죄가 있을 겁니다

성모 마리아여

임종모양 무거운 이 밤을 물리쳐 주소서
그리고 아름다운 새벽을

저마다 내가 죄인이노라 무릎 꿇을―
저마다 참회의 눈물 뺨을 적실―
아름다운 새벽을 가져다 주소서

꽃길을 걸어서
―사월의 기도

그 겨울이 다 가고
산에 갔던 아이들 손엔 할미꽃이 들려졌다
사립문에 기대어 서서
진달래 자욱한 앞산을 바라보면
큰애기의 가슴은 파도모양 부풀어 올랐다
4월 큰애기의 꿈은 무지개같이 찬란했다

웬일인지 이 봄엔 삼팔선이 터지고
나갔던 그이가 돌아올 것만 같다
"갔다 오리다"
생생하게 지금도 귀에 들린다
군복을 입은 모습
어찌 그리 늠름하고 더 잘나 보였을꼬

그이가 일선으로 나간 뒤부터
뉴―쓰 영화의 군인들이 모두 다
그이 같아 반가워졌다

주여
이 봄엔 통일을 꼭 가져다 주소서
그리하여
진달래 곱게 핀 꽃길을 걸어서
승전한 그이가 돌아오게 해 주소서

추풍(秋風)에 부치는 노래

가을바람이 우수수 불어옵니다
신이 몰아오는 비인 마차소리가 들립니다
웬일입니까
내 가슴이 써—늘하게 살살이 얼어듭니다

'인생은 짧다'고 실없이 옮겨본 노릇이
오늘 아침 이 말은 내 가슴에다
화살처럼 와서 박혔습니다
나는 아파서 몸을 추설 수가 없습니다

황혼이 시시각각으로 다가섭니다
하루하루가 금싸라기 같은 날들입니다
어쩌면 청춘은 그렇게 아름다운 것이었습니까
연인들이여 인색할 필요가 없습니다

적은 듯이 지나버리는 생의 언덕에서
아름다운 꽃밭을 그대 만나거든
마음대로 앉아 노니다 가시오

남이야 뭐라든 상관할 것이 아닙니다
하고 싶은 일이 있거든 밤을 도와 하게 하시오
총기(聰氣)는 늘 지니어지는 것이 아닙니다
나의 금싸라기 같은 날들이 하루하루 없어집니다
이것을 잠가둘 상아궤짝도 아무것도
내가 알지 못합니다

낙엽이 내 창을 두드립니다
차 시간을 놓친 손님모양 당황합니다
어쩌자고 신은 오늘이사 내게
청춘을 이렇듯 찬란하게 펴 보이십니까

오늘

무엇에 쫓기는 것일까
막다른 골목으로 막다른 골목으로
내가 쫓기는 것만 같다

나를 따르는 것은 빚쟁이도 아니요
미친개도 아니요
더더군다나 원수는 아니다

밤의 안식은 천년의 세월이 덮은 듯 아득한 전설
네거리 횡단길에 선 마음

소음에 신경은 사정없이 진동되고
내 눈은 고달파 핏줄이 섰다

밤 천정(天井)의 한 마리의 거미가
보기 좋게 사람을 위협할 수도 있거니

무엇에 쫓기는 것일까

막다른 골목으로 내가 쫓긴다
불안한 날들이 낯선 정거장모양 다닥치고
털어버릴 수 없는 초조와 우수가
사월의 신록처럼
무성하다

사슴의 노래

하늘에 불이 났다
하늘에 불이 났다

도무지 나는 울 수 없고
사자같이 사나울 수도 없고
고운 생각으로 진여 씹을 것은 더 못되고

희랍적인 내 별을 거느리고
오직 죽음처럼 처참하다
가슴에 꽂았던 장미를 뜯어버리는

슬픔이 커 상장(喪章)같이 처량한 나는
차라리 아는 이들을 떠나
사슴처럼 뛰어다녀 보다

고독이 성(城)처럼 나를 두르고
캄캄한 어둠이 서서 밀려오고
달도 없어주

눈이 내려라 비도 퍼부어라
가슴의 장미를 뜯어버리는 날은
슬퍼 좋다

하늘에 불이 났다
하늘에 불이 났다

비련송(悲戀頌)

하늘은 곱게 타고 양귀비는 피었어도
그대일래 서럽고 서러운 날들
사랑은 괴롭고 슬프기만 한 것인가

사랑의 가는 길은 가시덤불 고개
그 누구 이 고개를 눈물 없이 넘었던고
영웅도 호걸도 울고 넘는 이 고개

기어이 어긋나고 짓궂게 헤어지는
운명이 시기하는 야속한 이 길
아름다운 이들의 눈물의 고개

영지못엔 오늘도 탑 그림자 안 비치고
아사달은 뉘를 찾아 못 속으로 드는 거며
그슬아기 아사녀의 이 한을 어찌 푸나

언덕

창으로 하늘이 들어온다
눈만 뜨면 내다보는 언덕
소나무가 서너 개 아무것도 없다
오늘도 소나무가 서너 개 아무것도 안 뵌다

방 안 풍경이 보기 싫어
온종일 언덕을 바라본다
사람이 지나가면 눈이 다 밝아진다

전봇대모양 우뚝 선 사람이 둘
혹시 나 아는 이가 아닐까

가슴이 답답하면 언덕을 본다
눈물이 나면 언덕을 본다
이방 같아 쓸쓸하면 언덕을 본다
언니랑 조카가 보구프면 언덕을 본다

거지가 부러워

온 방안 사람이 거지를 부럽단다
나도 거지가 부러워졌다
빌어먹으면 어떠냐
자유! 자유만 있다면

저 햇볕 아래 깡통을 들고도
저들은 자유로울 것이 아니냐
네가 무엇을 원하느냐 묻는다면
나는
첫째로 자유
둘째로 자유
셋째도 자유라 하겠다

대합실

막차가 떠난 뒤
대합실엔 종이쪽만 날고
거지아이도 잠이 드나본데

시간표에도 없는 차 시간을
사람들은 지금 기다리고 있다

생판 모르는 얼굴이 내리는 것인지도 모른다
기적소리 산과 마을을 울리며
어느 바람 센 광야를 건너는 것이뇨

우랄타이 보석모양 너를 찾는 눈들이
번쩍거리고, 지리한 낮과 밤이 연륜처럼 서린 곳에
마지막 보람이 있으려 함이뇨

시간표에도 없는 차 시간을
사람들은 지금 기다리고 있다

피곤과 시장기와 외로움까지 두르고 앉아
눈을 감고 기다리는 사람들
목메어 소리치며 부를 그 사람은
언제나 온다는 것이냐

탑 위의 시계는 얼굴을 가리고
아무도 지금 몇 시인지 알 수가 없다

그대 말을 타고

멀리서 종소리가 들려옵니다
날이 이제 새나 봅니다

천년 같은 기인 밤이었습니다

고독과 어두움이 나를 두르고
모진 바람 채찍모양 내게 감겨들었건만
그대를 기다리며 이 밤을 참았나이다
그대 얼굴은 나의 태양이었나니

외로움에 몸부림치면
커어다란 얼굴 해주고
밖에서 마음 얼어 들어오면 녹여주고
한밤중 눈물지면 씻어주었습니다

어느 객줏집 마구간
말의 눈엔 새벽달이 비치고
곡마단 계집아이들도 잠이 들었을 무렵

그대를 기다리는 내 기도가 올려졌나이다
이제나 오시렵니까 하마 저제나 오시렵니까
당신의 말굽소리 듣는다면
담박에 내가 십년은 젊어지겠나이다

밤중

도적고양이가 기왓장을 살포시 딛는 시각
나는 왜 눈이 뜨였는지 모르겠다

아무리 눈을 꺼벅거려도 한방듸는 어둠만
눈으로 입으로 들어올 뿐이다

벌레들 우는 소리가 빗소리 같다

첫닭이 운다
어디서 지금쯤 유다의 후예는 또
내일 아침 제 장사를 삼십 은전보다 더 싼값으로
팔아먹을 궁리를 하는지도 모른다

동이 트려면 아직도 멀었나보다
나는 어둠을 헤치러 나가는
자꾸 바닷물처럼 들이킨다

저버릴 수 없어

누가 뭐라고 하든
내가 이 땅을 저버릴 수 없어
불타는 가슴을 안고
오늘도
보리밭 널린 들판을 달리다
착한 사나이가 논을 갈고
지어미가 낮밥을 이고 나온 논뜰
미나리냄새 나는 흙에 입 맞추고 싶구나

누가 뭐라고 하든
나는 이 땅을 저버릴 수 없어
노여운 눈초리를
오월의 푸른 가랑잎으로 씻어보다

내 가슴에 장미를

더불어 누구와 얘기할 것인가
거리에서 나는 사슴모양 어색하다

나더러 어떻게 노래를 하라느냐
시인은 카나리아가 아니다

제멋대로 내버려두어 다오
노래를 잊어버렸다고 할 것이냐

밤이면 우는 나는 두견!
내 가슴 속에도 장미를 피워다오

작약

그 굳은 흙을 떠받으며
뜰 한구석에서 작약이 붉은 순을 뿜는다
늬도 좀 저모양 늬를 뿜어보렴
그야말로 즐거운 삶이 아니겠느냐

육십을 살아도 헛사는 친구들
세상눈치 안 보며
맘대로 산 날 좀 장기(帳記)에서 뽑아보라

젊은 나이에 치미는 힘들이 없느냐
어찌할 수 없이 터지는 정열이 없느냐
남이 뭐란다는 것은
오로지 못생긴 친구만이 문제 삼는 것

남의 재[尺]로는 남들 재라 하고
너는 네 자로 너를 재일 일이다
작약이 제 순을 뿜는다
무서운 힘으로 제 순을 뿜는다

당신을 위해

장미모양
으스러지게 곱게 피는 사랑이 있다면
당신은 어떻게 하시죠

감히 손에 손을 잡을 수도 없고
속삭이기에는 좋은 나이에 열없고
그래서 눈은 하늘만을 쳐다보면
얘기는 우정 딴 데로 빗나가고
차디찬 몸짓으로 뜨거운 맘을 감추는
이런 일이 있다면 어떻게 하시죠

행여 이런 마음 알지 않을까 하면
얼굴이 화끈 달아올라
그가 모르기를 바라며
말없이 지나가려는 여인이 있다면
당신은 어떻게 하시죠

곡(哭) 촉석루

논개 치마에 불이 붙어
논개 치맛자락에 불이 붙어

논개는 남강 비탈 위에 서서
화신(火神)처럼 무서웠더란다

"우짝고 오매야! 촉석루가 탄다, 촉석루가"
마지막 지붕이 무너질 제는
기왓장 내려앉는 소리
온 진주가 진동을 했더란다

기왓장만 내려앉은 게 아니요
고을사람들의 넋이 내려앉았기에
'비봉산(飛鳳山) 서장대(西將台)'가 몸부림을 치더란다

조용히 살아가던 조그마한 마을에
이 어쩐 참혹한 재앙이었나뇨
밀어붙인 훤한 벌판은

일찍이 우리의 낯익은 상점들이 있던 곳

할매 때부터 정이 든 우리들의 집이 서있던 자리
문둥이가 우는 밤
진주사 더 섧게 통곡하는 것을
진주사 더 섧게 두견모양 목메이는 것을

만추

가을은 마차를 타고 달아나는 신부
그는 온갖 화려한 것을 다 거두어가지고 갑니다

그래서 하늘은 더 아름다워 보이고
대기는 한층 밝아 보입니다

한금 한금 넘어가는 황혼의 햇살은
어쩌면 저렇게 진줏빛을 했습니까
가을하늘은 밝은 호수
여기다 낯을 씻고 이제사 정신이 났습니다
은하와 북두칠성이 맑게 보입니다

비인 들을 달리는 바람소리가
왜 저처럼 요란합니까
우리에게서 무엇을 앗아가지고
가는 것이 아닐까요

그믐날

청각과 취각이 이처럼 발달하랴
인가가 어딘데 기름 냄새를 맡아 들이느냐
사뭇 환장을 하라든다
어머니가 생각난 소녀
아이들이 보구 싶어진 어머니
이 구석 저 구석에 울음빛이다

내사 아무렇지도 않다
징그러운 이 해가 가는 것만 좋다
어서 새해가 밝아라
떡국이 없음 어떠냐, 그저 새해가 밝아라

유령 같은 친구들이 옹기종기 앉아
꿈 해몽이 아니면
날마다 일과는 어찌 그리 음식 얘기냐
입으로 수수엿을 고고 두테떡을 만든다
언제 나가서 이런 걸 다시 해보느냐고
경주아주머니는 또 눈물을 닦는다

누가 알아주는 투사냐

자신 없는 훈장이 내게 채워졌다
어울리지 않는 표창이다
오등(五等) 콩밥과 눈물을 함께 씹어 넘기며
밤이면 다리 팔 떼어놓구 싶게
좁은 잠자리에 줄이 틀리우고
날이 밝으면 날이 날마다 걸어보는 소망
이런 하루하루가 내 피를 족족 말리운다
이런 것 다 보람 있어야 할 투사라면
차라리 얼마나 값 있으랴만

나는 무엇을 위해 이 고초를 받는 것이냐
누가 알아주는 투사냐

붉은 군대의 총부리를 받아
대한민국의 총부리를 받아
새빨가니 뒤집어쓰고
감옥에까지 들어왔다
어처구니없어라 이는 꿈일 게다

진정 꿈일 게다
밤새 전선줄이 잉잉대고 울면
감방 안에서 나도 운다
땟국 젖은 겹옷에서 두고 온 집 냄새를
움켜마시며 마시며
어제도 꿈엔 집엘 가보았다

봄비

강에 얼음장 꺼지는 소리가 들립니다
이는 내 가슴속 어디서 나는 소리 같습니다

봄이 온다기로
밤새껏 울어 새일 것은 없으련만
밤을 새워 땅이 꺼지게 통곡함은
이 겨울이 가는 때문이었습니다

한밤을 줄기차게 서러워함은
겨울이 또 하나 가려 함이었습니다

화려한 꽃철을 가져온다지만

이 겨울을 보냄은
견딜 수 없는 비애였기에
한밤을 울어울어 보내는 것입니다

고함을 칠 것 같아

우리 안에 든 짐승모양
온종일 바깥만 내다본다
밖에서 돌아가며 히히대는 사환 소년이
무슨 정승같이 부럽구나

어디 상처를 지닌 짐승모양
우리 속에서 나는 사뭇 꿍꿍 앓아댄다
고함을 쳤으면 시원할 것 같다
소래기를 크게 질러버릴 것 같은 순간이 있다

콩 한 알은 황소가 한 마리

비둘기가 아니라도
콩이 좋아
꼭 찍은 오등(五等) 콩밥에 노오라니 박힌 걸
빠꼼빠꼼 빼먹으면
보리밥덩어리가 보기 좋게 얽는다

이 안의 콩 한 알은 밖의 황소가 한 마리란다
소금을 설탕인 양 맛있게 먹는 족속들이 있다

유명하다는 것

유명하다는 건 얼마나 거북한 차림 차림이냐
이 거추장스런 것일래
나는 저기서도 여기서도
걸려 넘어지고
처참하게 찢겨졌다

아무도 관심을 안 해주는 자리는
얼마나 또 편한 위치냐

개 짖는 소리

개 짖는 소리가 들려온다
아는 이의 음성처럼 반갑구나
인가가 여기선 가까운가보다

개 짖는 소리를 듣고 있으면
식구들 신발이 툇돌 위 나란히 놓인
어느 집 다행(多幸)한 정경이 떠오른다

날이 새면 부엌엔 밥김이 어리고
화롯가엔 찌개가 보글보글 끓고
할머니는 잔소리를 해도 좋을 게다

새벽녘 개 짖는 소리는
인가의 정경을 실어다 준다
감방 안에서 생각하는 바깥은
하나같이 행복스럽기만 하다

님은 가시밭을 헤치고

님이 오신다는 꿈같은 날
버선발로 뛰어나가
맞았으련만
웬일로 자꾸만 서러워
온종일 방 안에서 울었다
하염없이 눈물이 더 자꾸 흘러
하염없이 눈물만 더 자꾸 흘러
무지개모양 사라진 꿈은 진정
아니고—
험한 길 가시덤불을 님은 밟고야
오신다니
꽃자리는 검으리
어디선가
이브의 후예들이 옷을 다듬는 밤
님이 오실 날을 나는 조용히
은하(銀河)가에 그리나니—

약속된 날이 있거니

박꽃이 지붕 위에 흰나비모양 앉은 저녁
흰옷을 입은 사람들은
조국과 민족과 독립을 얘기했다

바다로—바다로—나는 바다로 가리
두 다리 뻗고 앉아
바람 함뿍 가슴에 안아보련다
그래도 시원치 않으리라
달랠 수 없는 가슴
기댈 데 없이 지내기 삼십육 년
구박과 눈치에 기죽어
설사리 자란 우리 형제
모진 채찍 아래 눈과 눈 마주치면
말을 삼킨 채 서로 눈물 어렸었나니

그때 일 생각한들 차마 오늘
우리 서로 다툴 건가
불행했던 날을 불러보면

서로 껴안고 울어도 남을 것을
원수도 아니요 이방 사람 더구나 아닌—
오늘
서로 눈초리 사납게 지나침은
간밤에 어느 마귀가 뿌리고 간
악의 씨뇨

우리에게 약속된 빛나는 날이 있거니
장미꽃 아름답게 피워야 할
거리—거리에—
어언 남부끄런 욕설의 '방'들인고

그 앞에 통곡하고 싶음은
이 딸 하나뿐 아니리라
집집이 추녀 끝에
조국의 깃발 고요히 오늘

독립의 엄숙한 아침을 위해

형제여 다 같이 달게 우리는
이름 없는 투사가 되자
그리하여 괴로운 역사의 바퀴를 굴리자
앞으로—앞으로—

조국의 여명은 가까워온다
머지않아 우리의 새로운 태양이
저 산마루에 떠오를 게다

아들 편지

숱한 학병들 틈에 끼여
아들이 입영한 지도 여러 달 전

등잔 심지를 돋우며 돋우며
농 속에서 어머니는
아들의 편지를 또 꺼냈다

읽고 다시 읽고
겉봉을 뒤적거려
보고는 다시 보고

아들이 가있는
구마모도라는 곳이
어머니는 지금
고향보다 더 그리워
밤이면 꿈마다 찾아가 더듬는다

시인에게

일찍이 그대
제왕(帝王)이 부럽지 않음은
어떤 세력에도 굽힘없이
네 붓대 곧고 엄해
총칼보다 서슬이 푸르렀음이어라

독기 낀 안개 자욱이 날빛을 가리고
밤도 아니요 낮도 아닌 상태에서
사람들 노상 지치고
예저기 썩은 냄새 코를 찔러
웃을 수 없는 광경에 모두들 고개 돌릴 제

시인
오늘 너는 무엇을 하느냐
권력에 아첨하는 날
네 관(冠)은 진땅에 떨어지나니

네 성스러운 붓대를 들어라

네 두려움 없는 붓을 들어라
정의 위해
햇불 갖고 시를 쓰지 않으려느냐

제야(除夜)

멀리 갔던 이들 돌아오고
풍성풍성히 저자도 보는 명절날
돌아갈 수 없는 집 있어
먼 하늘 바라보며 기둥모양 우뚝 섰다

별은 포기포기 솟아
모두 다 식구들의 얼굴이 되다

'희'야 새날이 와
내가 돌아가는 날 너도 떡을 빚고 술을 담그자

산딸기

나는 나는 산색시
산에 여[實]노라
붉게 타다 못해
검게 질리며
나는
산에 산에 여노라
눈이 영롱함은 눈물에 젖은 탓
산새도 못 오게
가시 돋치고
산협(山峽)의 긴긴 해를

송이송이
붉게 타노라

이름 없는 여인 되어

어느 조그만 산골로 들어가
나는 이름 없는 여인이 되고 싶소
초가지붕에 박넝쿨 올리고
삼밭엔 오이랑 호박을 놓고
들장미로 울타리를 엮어
마당엔 하늘을 욕심껏 들여놓고
밤이면 실컷 별을 안고

부엉이가 우는 밤도 내사 외롭지 않겠소
기차가 지나가버리는 마을
놋양푼의 수수엿을 녹여 먹으며
내 좋은 사람과 밤이 늦도록
여우 나는 산골 얘기를 하면
삽살개는 달을 짖고
나는 여왕보다 더 행복하겠소

임 오시던 날

임이 오시던 날
버선발로 달려가 맞았으런만
굳이 문 닫고 죽죽 울었습니다

기다리다 지쳤음이오리까
늦으셨다 노여움이오리까
그도 저도 아니오이다
그저 자꾸만 눈물이 나
문 닫고 죽죽 울었습니다

들국화

들녘 비탈진 언덕에 네가 없었던들
가을은 얼마나 쓸쓸했으랴
아무도 너를 여왕이라 부르지 않건만
봄의 화려한 동산을 사양하고
이름도 모를 풀 틈에 섞여
외로운 계절을 홀로 지키는 빈들의 색시여

갈꽃보다 부드러운 네 마음 사랑스러워
거칠은 들녘에 함부로 두고 싶지 않았다
한 아름 고이 안고 돌아와
화병에 너를 옮겨놓고
거기서 맘대로 자라라 빌었더니
들에 보던 그 생기 나날이 잃어지고
웃음 거둔 네 얼굴은 수그러져
빛나던 모양은 한 잎 두 잎 병들어갔다

아침마다 병이 넘는 맑은 물도
들녘의 한 방울 이슬만 못하더냐?

너는 끝내 거칠은 들녘 정든 흙냄새 속에
맘대로 퍼지고 멋대로 자랐어야 할 것을—

뉘우침에 떨리는 미련한 손이 이제
시들고 마른 너를 다시 안고
푸른 하늘 시원한 언덕 아래
묻어주려 나왔다

들국화야!
저기 너의 푸른 천정이 있다
여기 너의 포근한 갈꽃 방석이 있다

가을날

겹옷 사이로 스며드는 바람은
산산한 기운을 머금고……
드높아진 하늘에 비로 쓴 듯이 깨끗한
맑고도 고요한 아침—

예저기 흩어져 촉촉이 젖은
낙엽을 소리 없이 밟으며
허리띠 같은 길을 내놓고
풀밭에 드어 거닐어보다

끊일락 다시 이어지는 벌레소리
애연히 넘어가는 마디마디엔
제철의 아픔이 깃들였다

곱게 물든 단풍 한 잎 따들고
이슬에 젖은 치마자락 휩싸쥐며 돌아서니
머언 데 기차소리가 맑다.

첫눈

은빛 장옷을 길게 끌어
왼 마을을 희게 덮으며
나의 신부가
이 아침에 왔습니다

사뿐사뿐 걸어
내 비위에 맞게 조용히 왔습니다

오랫만에
내 마음은
오늘 노래를 부릅니다

잊어버렸던 노래를 부릅니다
자—잔들을 높이 드시오
빨간 포도주를
내가 철철 넘게 치겠소

이 좋은 아침

우리들은 다같이 아름다운 생각을 합시다

종도 꾸짖지 맙시다
애기들도 울리지 맙시다

녹원

눈보라를 맞으며 공원을 걷는다
눈보라를 맞으며 공원을 걷는다

붉은 산다화(山茶花) 꽃술을 따 들고
서투르게 사슴을 불러본다

사슴과 놀다보니
괜히 슬퍼
사슴을 데리고 사진을 찍는다.

밤의 찬미

삶의 즐거움이여! 삶의 괴로움이여!
이제는 아우성소리 그쳐진 밤
죽은 듯 다 잠들고 고요한 깊은 밤

미움과 시기의 낙시눈도 감기고
원수와 사랑이 한가지 코를 고나니
밤은 거룩하여라 이 더러운 땅에서도
이 밤만은 별 반짝이는 저 하늘과
그 깨끗함을―그 향기를―겨누나니

오―밤, 거룩한 밤이여
영원히 네 눈을 뜨지 말지니
네가 눈뜨면 고통도 눈뜨리
밤이여, 네 거룩한 베개를 빼지 말고
고요히 고요히 잠들어 버려라

조그만 정거장

뙤약볕에 채송화가 영악스럽고
코스모스는 외로운
조그만 정거장……

수건 쓴 능금장수 여인은 말이 거세고
나는 아는 이가 없어 서글펐다

젊은 양주가 데리고 나간
빨간 양복의 사내애기는
외가엘 간다고 좋아라 뛰었다

국경의 밤

엊그제도 이 호지(胡地)에선 비적(匪賊)이 났단다
먼 데 개들이 불안스레 짖는 밤
허―름한 방 안에 사모바르의 끓는 소리가
화롯가에 높고……
잠은 머얼고……
재도 장난할 수 없는 마음
온 밤 사모바르의 물연기를 응시하며
독수리 같은 어떤 인생을 풀어 보다

적적한 거리

친구들은 가고 적적한 거리
한종일 걸어도 반가운 이 만날 이 없어
사슴모양 성큼 골목으로 들다.

낯익은 얼굴들이 없어 낯선 거리
오호 클클한 저녁이여
인경뎅이만한 비애 앞에 내가 섰노라

박넝쿨 올린 지붕 밑에
우리 다 함께 모여 살 날은 언제라냐
옥수수는 울에도 다 익었는데

나에게 레몬을

하루는 또 하루를 삼키고
내일로 내일로
내가 걸어가는 게 아니오 밀려가오

구정물을 먹었다고 토(吐)했다
허우적댐은 익사를 하기가 억울해서요

악(惡)이 양귀비꽃마냥 피어오르는 마음
저마다 모종을 못 내서 하는 판에

자식을 나무랄 게 못 되오
울타리 안에서 기를 수는 없지 않소?

말도 안 나오고
눈 감아버리고 싶은 날이 있소

꿈 대신 무서운 심판이 어른거리는데
좋은 말 해줄 친구도 안 보이고!

할머니 내게 레몬을 좀 주시지
없음 향취(香趣)있는 아무 거고
곧 질식하게 생겼소

노천명 평전

일생을 고독 속에서 외롭게 혼을 적시며,
오직 詩만을 벗하며 살다 간 시인이여!

"모가지가 길어서 슬픈 짐승이여/언제나 점잖은 편 말이 없구나" — 고독한 사슴, 또는 5월의 여왕으로 불리고 있는 여류시인 노천명(盧天命), 그녀는 참으로 아름답고 고고한 품성을 지닌 시인이다.

고독한 사슴이 자신의 표상처럼 되어버린 노천명은 1911년 황해도 장연군 순택면 비석포리에서 아버지 서해노씨 계일(啓一)과 어머니 의성김씨 홍기(鴻基) 사이에서 차녀로 태어났다. 소지주의 집안으로 오빠 기철, 언니 기용, 이복남동생 기숙 등과 함께 그녀는 어린 시절을 보냈다. 그 중에서도 천명은 배다른 남동생을 유달리 귀여워했으나 불행하게도 동생 기숙은 일찍 죽고 말았다.

천명의 처음 이름은 기(基)자 항렬에 따른 기선(基善)이었으나, 그녀가 여섯 살 때 앓은 혹독한 홍역으로 거의 죽을 고비를 넘기게 되자, 꼭 죽을 줄만 알았던 기선이 천명(天命)으로 살아남음으로써 그의 부모님은 하늘이 주신 목숨이라는 감사의 뜻으로 그녀에게만은 항렬을 떠나 '천명(天命)'이란 이름으로 개명해서 호적에 올리고 가족들 모두가 천명이란 이름만을 불렀다. 그야말로 숙명적인 이름, 노천명이 된 것이다.

1920년 아버지가 돌아가시자, 천명은 어머니를 따라 서울로 오게 되었다. 서울은 어머니의 고향으로 종로구 체부동에 친정집이 있었으므로 이들 모녀는 거기서 이모와 함께 한동안 살다가 동대문구 창신동으로 이사를 했다.

천명은 이사를 하면서 진명보통학교에 새롭게 입학하였다. 그리고 5학년 때 검정고시에 합격함으로써 6년간의 보통학교 과정을 한 해 단축시켜 5년간으로 끝마쳤다. 그때가 그녀의 나이 만 열다섯 살이 되던 1926년으로, 같은 해 4월 진명여고에 입학해서 1930년 3월에 제20회 졸업생이 되었다.

진명여고에서의 천명의 성적은 우수한 편이었다. 특히 국어과목을 잘하여 국어사전이라는 별명을 듣기까지 했다. 또한 진명여고 2학년 때 이미 ≪신동아≫에 시와 수필을 실으면서, 특출한 문학적 소질을 발휘하기 시작하였다. 여고를 졸업하고 그해 4월 이화여자전문학교 영문

과에 입학, 1934년 3월 제8회 졸업생이 된다.

　천명이 이렇게 공부하는 동안, 그녀에게는 많은 일들이 일어났다. 언니 기용은 진명여고 3학년 재학 중일 때 당시 판사로 있던 변호사 최두환(崔斗煥)과 결혼하여 천명의 학자금과 생활비를 조달해주었다. 그리고 어머니는 천명이 진명여고를 졸업할 무렵인 1930년에 57세를 일기로 세상을 떠났다. 함께 살았던 언니 기용도 모친의 3년상을 치른 뒤 남편의 부임지인 경남 진주로 내려가게 되었으므로 천명은 혼자 외롭게 남게 되어 이화여전 기숙사로 숙소를 옮겨야 했다.

　천명은 본래부터 자신의 몸에 고독을 지니고 태어났는지, 아니면 몸에 지닌 고독 때문인지 만 여덟 살에 아버지를 잃고, 만 열아홉 살에 어머니마저 영영 잃게 된 것이다.

　1934년 이화여전을 졸업하고 조선중앙일보 학예부 기자로 입사하여 4년간을 근무한 천명은, 1935년 시인 오일도가 내던 ≪시원(詩苑)≫지 창간호에 시 <내 청춘의 배는>을 발표하면서 정식으로 시단에 데뷔하였다. 이후 그녀는 줄곧 시를 통해 영원한 고향인 자연에의 향수에 빠져 살면서 고독한 일생을 살게 된다. 천명은 여성 특유의 애수와 고독을 안으로 심화하고, 날카로운 관찰, 섬세한 감각, 다분히 로맨틱한 정서, 지성으로 감상을 절제하면서 개성 있는 시를 형성하였다.

1937년 조선중앙일보를 사직하고 용정, 북간도, 연길 등지를 여행하면서 1938년 1월에 첫 시집 ≪산호림≫을 출간하였다. 시집 ≪산호림≫을 보면, 노천명을 '사슴의 시인'이라 부르게 한 대표작 <사슴>을 비롯하여 <연잣간> <장날> <자화상> <귀뚜라미> <생가> <돌아오는 길> 등 49편의 향토적 서정을 그대로 담고 있다.

또한 조선일보 출판부에서 ≪여성(女性)≫지를 맡아 편집 일을 하였고, '극예술연구회'가 공연하는 안톤 체호프의 <앵화원>에서 라네프스까야의 딸 '아아냐'로 출연했다. 이때 관객으로 왔던 보성전문의 경제학 교수 김광진을 만나게 된다.

천명은 자존심이 강하고, 유아독존적인 여성이었던 까닭인지 이상주의자이며, 지나친 결백성 때문인지 좀처럼 연애도 하지 않았다. 천명은 결혼을 한 일이 없이 독신으로 생을 마쳤는데, 그녀에게 있었던 단 한 번의 연애 사건은 그래서 더욱 화제가 되기도 하였다.

그녀가 단 한 번의 사랑을 한 남성은 바로 <앵화원> 공연 때 관객으로 왔던 김광진 교수였다. 당시 그들의 사랑은 뜨거웠고, 김광진 교수는 노천명의 생애에서 유일한 사랑의 대상자였다. 하지만 김광진은 이미 아내가 있는 몸이었다. 깊은 사랑에 빠져버린 그들은 결혼까지 하기로 하고, 약혼을 하였다. 김광진 교수는 천명과 결혼하기 위하여 본처와 이혼을 할 작정으로 고향에 내려갔으나, 차일피일 이혼수속이 늦어지는 바람에 그들은 헤어지게 된다. 결국 천명은 실연의 쓰라림을 안고 돌아섰으며, 이후 독신의 삶을 살았고, 김광진은 6·25동란 때 기생 왕수복과 월북하고 말았다.

이곳저곳에서의 하숙생활을 전전하던 천명은, 안국동에 언니가 집을 마련해주면서 하숙 신세를 면할 수 있게 되었다.

1941년에 ≪여성≫지를 사직하고, 1943년 매일신보 학예부에서 2년간을, 1945년 서울신문 학예부에서 1년간을 근무하게 되는데, 이 무렵에 제2시집 ≪창변(窓邊)≫을 아무런 서문도 발문도 없이 <남사당> <춘향> <푸른 오월> <장미> 등 29편의 시작품만을 실어서 출간한다.

1946년 서울신문사를 사직하고 부녀신문사에 입사하

여 편집차장으로 1년간 재직한 후 1947년 공부에 뜻을 두고 밀항하여 일본에 갔으나, 결국 1년 후에 귀국하였다.

1948년 10월에 제1수필집 ≪산딸기≫를 간행하였고, 이어서 1949년 3월에는 ≪현대시인전집≫ 제2권에 <노천명집>을 수록하고, 종로구 안국동에서 그녀가 생을 마치게 되는 누하동으로 이사한 후 양녀 인자(仁子)를 얻었다.

1950년 6·25동란이 발발하자 미처 피난을 못가고 서울의 적 치하에 남아 있다가 본의 아니게 문학가동맹에 나가야 했었고, 그로 인해 9·28수복 후에는 공산군에 부역하였다는 죄목으로 일시 투옥되기도 하였다. 시인 김광섭, 김상용, 이헌구, 이건혁 등이 연서로 석방운동을 벌였던 것이 받아들여져, 이듬해인 1951년 4월 부산에서 풀려나왔다. 투옥시절 쓴 옥중시는 민족에 대한 항변과 자조(自嘲)로 가득 차있을 정도로, 천명은 그 시절을 지옥으로 표현하고 있다.

어려서부터 가톨릭집안에서 자란 천명은 1951년 4월 출감되어 자유로운 생활에 들어가면서 많은 심적 변경으로 부산의 중앙성당에서 베로니카라는 세례명을 받고 독실한 천주교신자로 다시 귀의했다.

1952년 공보실 중앙방송국의 부탁으로 입사하여 이후 6년간 촉탁근무를 하면서, 1953년 3월 제3시집 ≪별을 쳐다보며≫를 간행했다. 이 시집에는 옥중의 고뇌를 노래한 시 <영어(囹圄)에서>와 <별을 쳐다보며> <희망> <설중매> 등이 실려 있다.

1954년 7월 제2수필집 ≪나의 생활백서≫를, 1955년 12월 ≪여성서간문 독본≫을 간행했고, 서라벌예대 등에 강사로 출강하는 한편, 모교인 이화여대 출판부 일을 맡았다.

1956년 5월 ≪이화 70년사≫를 출판하기까지 집필하면서 몸이 극도로 쇠약해졌고, 이듬해 1957년 3월 거리에서 쓰러져 청량리 위생병원에 입원하기에 이른다. 그녀의 병명은 재생불능성 뇌빈혈이라고 했다는데, 본능적인 삶에의 애착은 몹시 강했던 것 같다.

그녀는 그 무렵 선배 모윤숙이 미국 가던 날 함께 남색치마 하얀 버선에 녹음 짙은 김포가도를 드라이브했다. 그날 그녀는 모윤숙에게 "아무래도 죽을 것 같다"라는 말을 남기고 헤어졌는데, 얼마 지나지 않아 결국 자신의 말대로 누하동 자택에서 1957년, 만 46세를 일기로, 언니와 하나뿐인 조카가 지켜보는 가운데 향수에 젖은 고독을 가슴에 안은 채 눈을 감았다.
 일생을 '고독' 속에 '외롭게' 혼을 적시다가 떠난 그녀의 유해는 성동구 중곡동 천주교묘지에 안장되었다가 뒷날 서울시 확장으로 묘지가 옮겨지게 되어 경기도 고양시 벽제에 있는 천주교묘지로 이장되었다.

 푸른 5월을 가장 사랑하고 좋아하면서 찬미를 아끼지 않았던 푸른 시인! 너무도 외롭고 고독하게 살다가 외롭게 떠나간 우리의 노천명!
 찬란한 슬픔과 고독 속에서 혼자 이 세상을 사슴처럼 고고하게 살다가 간 노천명! 결코 길다고 할 수 없는 46년의 생을 살아가는 동안, 뜨겁고도 깊은 단 한 차례의 사랑을 불태웠으나, 끝내 그 사랑을 이루지 못하고 내내 독신녀로 살다가 간 고독의 시인!
 그녀의 생애는 너무도 짧았지만, 우리의 시사(詩史) 위에 여성이 아니면 감히 쓸 수 없는 아름다운 서정시를 쓰고, 영원한 사슴이 되어 우리의 가슴에 영원히 꺼지지 않는 등불로 남아 있다. (*)

사 슴

1판 1쇄 인쇄 2012년 1월 12일
1판 1쇄 발행 2012년 1월 16일

    지은이 노천명
    엮은이 이상규
    펴낸이 이태선
    펴낸곳 창작시대사

서울특별시 마포구 연남동 228-4
전화 02-325-5355
팩스 02-325-5385
이메일 changzak@paran.com

등록일자 1991년 4월 9일
등록번호 제2-1150호

ISBN 978-89-7447-181-1 03810

• 책값은 뒤표지에 있습니다.
• 잘못된 책은 구입하신 곳에서 바꾸어 드립니다.